Amor...
laberinto de dulzuras
y tristezas

ın Carlos Luis Rojas

Amor...
laberinto de dulzuras y tristezas

Autor:

Juan Carlos Luis Rojas

Juan Carlos Luis Rojas

Autor: Juan Carlos Luis Rojas
(Todos los derechos reservados)
ISBN: 9798711622260
Amazon
Sello: Independently published

Juan Carlos Luis Rojas

Prólogo

Los poemas de Juan Carlos Rojas trascienden la emoción y la infinitud de sus ofrendas alcanzan notorias cimas.
El tiempo es la presencia y la fugacidad del encantamiento, la otra vertiente donde es posible la posesión y el desapego. Inminencia del cuerpo, donación del espíritu aún ante la ausencia.
El sutil erotismo, es desvelamiento del ser y descubrimiento de su imagen anhelada, la experiencia pura de crear en un cuerpo una réplica del otro, de abrazar y modelar, de rescatarlo de su aislamiento con la instantánea percepción de la plenitud.
"Ya sé que hay en ti, un rincón donde habito, en retazos que te duelen"
Coexistencia de las almas, que en su dualidad se convierten en una, y en la unidad se desdoblan para recuperar su identidad, su parcela amatoria.
Como nacerse en el otro y renacer en sí mismo.
"Y nací de nuevo con la esperanza de tus ojos, con la rama perfumada de tu cuerpo"
Y con la creación de un nuevo cuerpo, exaltar el prodigio.
"Esta hermosura de caer rendido, y en los puños del corazón, aferrando aún, la bravía esperanza"
Ya concebido por el amor, ya consciente de su maravilloso origen, el poeta espera perpetuarse en el

Juan Carlos Luis Rojas

sagrado designio y transitar de su mano la inmaculada senda.
"¡Anda! ¡llévame en tu seno! A esta pequeñez humana llévala en tu seno, donde se elevan las ondas ardientes de corales arracimados, donde palpita ansiosa la simiente, donde se arrulla, la materna ternura de la vida"
Su apasionado poetizar, recobra el sosiego y se interroga: "para qué mis versos, si no cantan en tu pecho"
Más allá de la contemplación extática, la piel se desvanece, si no es aprehendida, si no es poseída por el ritmo sensual de su lenguaje.
"Sólo lamer... pudiendo devorar los racimos descollantes"
El erotismo empleado en los poemas de Rojas es plural y significativo. Es escritura que se ahonda en el cuerpo sin más orden que el exploratorio, sin más función visual que la exposición de la desnudez necesaria.
"Sentirás mis manos deslizarse, en las cálidas playas del pubis. Te rozarán mis labios, subiendo la curva placentera de tu pecho.
Pero en el amor humano, pugnan constantemente, la arrobadora presencia del amante, y su inevitable y dolorida ausencia. Y así, nuestro poeta, declara el gozo impar de las apariciones.
"qué bueno es verte, aunque se gasten mis ojos... y mi pecho de suspiros"

Mas la fugacidad del tiempo, envuelve a los seres en una indeterminada brevedad, y la ausencia se convierte

en poderoso muro que nos aísla de su posesión.
"Cuando me envuelve la noche en esta mendicidad resignada, me regala generosa el poder de soñarte"
La sublimación del sentimiento está presente en cada poema, y podemos comprobarlo en inmejorables metáforas e imágenes.
"He cosechado tus manos, tu cuerpo, lo sé, ¡quién sabe si también tu corazón!"
Y así, el cuerpo amado revela en constantes mutaciones, en permanentes alusiones al mundo circundante, que también forma parte de su substancia.
"Amada mía, porque puedo sentir es que camino, sobre tus ojos, sobre tu cuerpo, aunque seas aire, aunque seas agua"
Juan Carlos Rojas es fundamentalmente un poeta filosófico, por tal razón, son permanentes sus reflexiones sobre la naturaleza del amor y sus implicancias en el alma humana, no obstante, ese poético filosofar, adopta a veces un aspecto marcadamente religioso, que subyace en el trasfondo de la idea, consagrando de esa manera al acto poético, en acontecer sagrado.
"Bienaventurado quien pone la cerviz y se encadena sólo al amor"
Revaloriza la esperanza a través de su fe, y se aferra como un náufrago a su madero salvador. Su indeclinable credulidad, le hace expresar:
"Esperanza obcecada que construye un jardín, aún, donde hasta las piedras estallaron"

Juan Carlos Luis Rojas

Cada poema construye otro, que es el mismo, océano donde derivan las palabras y se acumulan con estricto rigor. Lo único posible para cantarle al amor en su universalidad, y para desdoblarse en la amplitud de los significados.

Por último, Rojas, nos da la clave de su acontecer en el sentimiento, en el maravilloso "Canto del amante": "Navego en el recuerdo de esta luz que me exilia del mundo, para dormirme en el laurel soñado de tu cuerpo" Canción, que es, celebración final que concede a la amada; y nos concede, a la vez, con la perceptible trascendencia de su palabra poética.

Héctor Rico
Poeta argentino

Agradecimientos

Agradezco... o "acuso", a las personas que directa o indirectamente han influido... o han estimulado mi audacia (desfachatez quizás), para imprimir un montón de palabras que tienen que ver con algo tan desfavorecido en el concepto, como es la temática del amor... me refiero al amor en general, pero en especial a la categoría del amor que involucra a la pareja... y afirmo: de lo que se deriva lo demás para que sea perfecto...

Permítanme por esta vez, ser "egoísta".

Sobre esta fortaleza debilitada (lo sagrado del amor), tendré la oportunidad en algún momento, de verbalizar lo que está por ahí, lo que no tiene manos de mecenas, aquello que se dice, "el interés por lo social"...

Dedico este libro a todo humano que sepa valorar las diferentes facetas del amor, el amor verdadero, cuando lo es; aquel que involucra a todas sus categorías sin contradicciones.

J. C. L. Rojas

Juan Carlos Luis Rojas

Unas palabras a...

Hubiese sido mejor tomar tus manos, tener la cercanía de tus ojos... o ceñir tu cintura levemente y andar por la vida respirando contigo su belleza.
En vez de bajar palabras etéreas del cielo, hubiese sido mejor susurrar en tus oídos, mientras ahondo dulzores en todos los repliegues de tu cuerpo. Mas la vida tiene sus realidades externas e internas, donde se amasa también sus imposibles, concretos o conceptuales. Y es allí donde más intervienen los pensamientos, las especulaciones, y la emoción de estas palabras en un poemario, que al fin no alcanzan, porque vale más la inteligencia encauzada en la luz de la ternura, que aflorando en la piel funde al amor en las almas intrínsecas en el silencio.
Es bueno entonces, ventilar las venas haciendo hablar al espíritu, que a veces se ahoga en su propio mar.
Sería un placer hablarte en mi voz, pero también lo es, dejarte estos versos impresos, para que esté cuando yo no esté y de alguna manera pueda (vaya sueño el mío) fundirme en tu almohada y arrullar tu corazón.
Hasta siempre en el amor.

J. C. L. Rojas

Juan Carlos Luis Rojas

Puente inalcanzable

¡Ah... que hubieras pasado solamente!
¡Lejos!
Sobre un puente inalcanzable.

Que sólo te hubiese admirado/
mas yo distante
aunque tus caricias
llegaran a mi frente.

...Hubiese sido acaso
gloria amanecida
y pronto olvido.
¡Sí!
¡Que no fueras!...
¡Que no latiera en mi corazón
tu ser
como un rítmico poemario!
¡Ay!
¡Entraste como una flecha
disparada desde el más tenso arco
y convertiste a mi sangre
en sísmico tembladeral de ríos!

Oh, razón de la locura...
De agridulce placer se condimenta

Juan Carlos Luis Rojas

el loco corazón.

...Revolotean las abejas... indiferentes.
El dulce panal rebasa de miel.
La lluvia sacia al cántaro sediento.
Mas un temor oculto dice...
¡Que hubieras pasado solamente!
¡Lejos!
Sobre un puente   inalcanzable.

Juan Carlos Luis Rojas

Temor de amar

*Amor Amor
...que tímido asoma.
Escozor leve...
  que no alcanza a reventar
    las uvas del desasosiego.*

*Mantengo distante/ a rajatablas/
  la simpatía de tus ojos.*

*El temor de amar
  suele ser cosecha perdurable.*

*Sólo lamer...
Pudiendo devorar
  los racimos descollantes.*

*Seguir cauteloso
  las pistas de las señales...
de tus tiempos
  de los míos...*

*Pero la vida esss   camino y es andar.
Es rodar los ojosss más allá...
Develar misterios...
Descorrer cortinas en el horizonte.*

Juan Carlos Luis Rojas

¡Qué importa que el corazón

  se blinde con dardos hirientes!...
¡Hender las tinieblas!
¡Eso es amor!

El amor no teme/ despejas dudas/
Es invicto vencedor de sombras.

Oh, amor.
¡Aunque el oído de mi corazón estalle!...
¡tañe tus campanas
sobre mi cerviz entumecida!

Juan Carlos Luis Rojas

Esta música

¡Ah esta música fragante!...
que se desliza melancólica   a veces
*   / ¡suspendida! /*
*   ...en los botones celestes del amor.*

Otoñal   Ausente
Primaveral   Festiva
Inquietud dolorosa y placentera.

Esta música callada...
Tonos silentes que hieren de caricias/
que perfuma el corazón
*   con la envolvente ansiedad de los azahares.*

Esta música de aves...
*   que suena en mi pecho*
*   inflamando su fronda*
*   de anhelos de sueños.*

Esta música...
aguza los sentidos del poeta
*   mimando al aire*
*   la luz*
*   el trueno...*
cuando transita
*   (como tu recuerdo)*
*   en la memoria de quien te ama.*

Juan Carlos Luis Rojas

Este concierto de colores y geometrías
  que el alma siente/
Es un canto de incertidumbres y esperanzas/
  terrenas alas migratorias/
    celestes astros errabundos.

Es dulzura
que cuece de tanto en tanto
  la sal de las lágrimas.

Estas ondas melodiosas
  esperan la canción de tu hermosura/
que deje mi frente en las estrellas
  y en la tierra mis pies inquietos
¡allí!
donde tú rondas.

Juan Carlos Luis Rojas

Ganar los cielos

Yo gano los cielos/
Estremecido/
Sobre tenue alfombra
   de cálidas aguas/
...cuando libas en mi cuerpo
   las profundidades de la miel/
...cuando en tu mimar subrepticio
   me rozan/
     de tu fuego las sutiles alas/
...cuando entibias tus manos en las mías
que significa
protegerme del mundo en las tuyas.

¡Arde el corazón
en esta franja del espacio
donde detengo a las estrellas!

Siembras de gozo
   mi rostro adormilado.
Reparto en el resto de las horas
   los dulces frutos del hechizo.

También ganan las estrellas
  /que ahora sí/
me devuelven la sonrisa.

                        Juan Carlos Luis Rojas

Ausencia

No sé
desde dónde pende suicida/
esta techumbre
que se arruga sobre los ojos.
No sé hacia dónde se alargan
las raíces de estos huecos tristes
humedades ya secas/
que prestan la muleta falaz
del color de los retoños.

¿En qué lugar se encuentra
la tina fresca
para arrojar/
el pulso jadeante del alma?

¿De dónde nace
esta nota oscura
que canta la cuerda herida?

¡Ronda entre los puñales
la comprensión esquiva del mundo
y sobre el dolor
la vergüenza del dolor!

¿Cómo revertir
la luz del gris ocaso?...
¿Cómo devolver al verde

Juan Carlos Luis Rojas

el vuelo inerte
　　de la hoja marchita del otoño?

¡Quizás aparezca la estrella
　tras la bruma!
/atizando/
esta casi ciega
caldera de vivir.

Juan Carlos Luis Rojas

Huida

Me voy/
   huyo/
      desaparezco/
Me hundo en el invierno
   para aplacar
      estas llamas de mi destierro.

No estás/
   y se abre
      esta marca candente en mis huesos
la absoluta posibilidad del dolor/
lo cierto de la abrupta distancia
   entre tu piel y mis manos/
para que sin piedad
   prueben mis sentidos la ausencia/
      que amalgama de tristeza
         a nuestro andar.

Esta huida/
   es un cantar desesperado
      bajo el pecho/
es un silbo
   de hipócritas alegrías
      para disimular este sueño/
con la vergüenza de una flor
ya   casi marchita.

Juan Carlos Luis Rojas

Baldosas adormecidas

*Ya no camino/
Lo hacen sólo mis pasos
 sobre las baldosas adormecidas
  de mi pensamiento/
Caminan/
sobre esta paradoja
 del placer y del dolor.*

*Pensar que hace un rato nomás
 eran en mis piernas las tuyas
  tallo fresco/
   verde fuego/
    enredadera de pasión.*

*Y hubo la eternidad de un momento/
 unidad del instante
  de tus manos y las mías...
   y de estos labios   y los tuyos/
    abrazados del deseo.*

*Y fueron entre sí nuestra piel
 en busca de ríos de tibieza
  cuando los ojos entraban/
   en túneles de mágica ternura.*

*Y fueron a la cúspide
 estas banderas del amor...*

Juan Carlos Luis Rojas

*para decirse adiós
en la llama susurrante
de los labios.*

*...y ya no camino/
lo hacen sólo mis pasos/
sobre las baldosas adormecidas
de mi pensamiento/
Deambulan/
sobre esta paradoja dura
del placer y del dolor.*

Juan Carlos Luis Rojas

Cada tarde

> "Siempre, te alejas en las tardes
> hacia donde el crepúsculo corre
> borrando estatuas"
> P. Neruda

Como la verdad eterna
  de fantasmas desapareciendo
    así es tu sombra/
así es tu vida en mi vida.

En cada crepúsculo
  cae el ancla del alma.
Se hunde pesada su cruz
  cadena y péndulo
    /mareándose/
      en la turbiedad del mar.
En vano su locura
  busca un peñasco
    donde clavar su uña.

Arranca la greda profunda/
Solidez mentirosa del barro/
¡Imposible anclar a veces
  y lograr la anhelada quietud!

La cubierta desolada
  mira hacia el cielo.

                  Juan Carlos Luis Rojas

Huyeron los goznes de acero/

y del marino capitán
   lo ducho y la calma.

Más azules tornan las luces/
   aún más
     se opaca
       el brillo vaporoso del agua/
y como un barquito de papel
   navego en el torrente
     /baldía el alma/
       ebria y sin rumbo.

...Quizás la fuerza de una estrella
   fulgure entre las nubes.
¿Será tal vez rutilante ilusión
   y el manantial de mañana
     tan sólo un sueño?

...En el ensueño suele a veces danzar
   un remolino de lumbres/
y suele ser lo soñado
   un estigma de luz
     /un tizón ardiente/
para nuevamente encender
   el sol de mañana.

Juan Carlos Luis Rojas

Rubia sombra

Cuando la rubia sombra de tus labios
   me besan
     entre la suave trama de tu pelo
se embebe de tus ojos
   el salitral de mi alma.

¡Rompes mi desarraigo
   cuando siembras la ternura!

Ignorado desierto
   es el tumulto en mi derredor
cuando rozas mi piel
   injertando extraño hechizo.

¡Oh   nativo quisiera ser
   de tu patria!
para haberte hablado
   en la raíz
de tu niñez.

Juan Carlos Luis Rojas

Nace Eros

*Cuando estás conmigo
 nace Eros.
Espolea el desasosiego
 en el esplendor fervoroso de la carne.*

Deshojo las magnolias de tu piel.

*Atrapo en el aire el zumo fugaz de lo furtivo
 mientras galopan desbocadas
 las tibias olas de mis venas.*

*Estalla el regocijo/ muere el corazón...
¡Qué bueno es morir
 en la ternura de tus brazos!*

*Cuando estoy contigo nace Eros/
El espíritu se anuda en el amor
 y bebo estrellas que titilan en mi cuerpo.*

*Debes marcharte lo comprendo.
Pueril anhelo el mío...
 ¡Detener golondrinas!*

*No importa dónde
 en cualquier lejanía
  te visitará mi duende intrépido/
con la antorcha ansiosa del amor.*

Juan Carlos Luis Rojas

No importa la noche que te cubra/
sentirás mis manos deslizarse
en las cálidas playas del pubis.

Te rozarán mis labios/
subiendo la curva placentera de tu pecho/
y en tus oídos la declamación del cielo
en el feliz delirio de tus sueños.

Estaré en ti/
encendiendo lo perenne
de que vive el Universo.

Juan Carlos Luis Rojas

Fecundidad

Sí/
Sé muy bien
* por qué se yergue aún*
*   la columna de mis sueños*
*   vertebrada desde la sangre...*

Mientras el mundo
* se pierde en sus condenas/*
*   trivialidades/*
*   indiferencias y avatares/*
Mientras intercambia acalorado
* tribal veneno de discordias*
*   tribales sectarismos de cavernas/*
* hay zaguanes que congregan*
*   espera y ansiedades.*
Hay espacios que aroman
* el verdor pasional de los anhelos...*

Hay un rincón/
por lo menos un rincón
* donde se esparce*
en vital fecundidad
* la siembra de nuestras manos/*
Manos que roturan
* la tierra tibia de nuestra sed/*
¡Sed que amamanta
* la vastedad de lo posible!*

Juan Carlos Luis Rojas

Posibilidad canora
 de febriles aves
  y ancestral
   libertad de las gaviotas.

Sospecho que de nuestros pasos
 no quedará inmune este sendero/
Sospecho que cambiarán sus ojos
 los girasoles/
que brincarán libres
 las flores de las caricias/
  y las notas musicales
de nuestro amor.

Juan Carlos Luis Rojas

El amor de prisa

I

- ...Mmm... estás cada vez más bella...
  más tierna, más dulce... más amorosa.
- Mmm y vos cada vez más mentiroso.
- No, no te estoy mintiendo...
  creo que sos muy incrédula.
- ¿Sihhh? Mmm. vsvsvs ssshaaahhchukchuik.
- Mmmme me gusta cuando estás asíhhh, rendidahh,
  cuando te envuelvo con mi piel...

  y con mis manos.
- Mmmmhah...
- ¿Noh tehngoh rahzóhn...
  queh estoh es hermosoh?
- Sihhh...
- ¿No sentís ganas de buscar un rincón
  donde escabullirnos del mundo?
- ¡Sihhh! ...pero no podemos...
  tengoh queh irmeh...
- ¿Me llevás dentro de tu vestido?
- No, dentro del vestido no.
- Mmm, ¡pícara!
- Vsvsvsvs chuik tengoh queh irmeh.
- Te vas, si te dejo.
- ¿Recordás esa canción... Cóncavo y convexo?
- Sihhh... pero chauhh... nos vemos después.
- Chau.

Juan Carlos Luis Rojas

II

...y nuestras miradas/
crean el ángel propio
   de la piel, de la carne.
Se acarician distantes
   en la trivial ronda del día.

Volátil es el tiempo
   en la flama ardiente de la ansiedad.

El desasosiego espolea nuestros manos...
nuestros dedos/   mensajeros del amor/
   se devoran/
     en la prisa de ternuras contenidas.

¡Ven, mi amor!
Rompamos el reloj/
   cruel agente de Cronos.
¡Ven, mi amor!
Desarmemos el tiempo/
   para crear un día eterno/
sólo nuestro.

Juan Carlos Luis Rojas

Meteoros del mal

Desasosiego de estrellas
  cunde/
en el cosmos invisible del alma.

Desorbitados mundos
  ruedan/
hacia un confín
  donde nuevos cielos estallan.

¿Podrán los meteoros del mal
  jaquear al amor?

¿Cómo licuar este fuego
  en el lago sereno
    donde sucumben los astros?

Lejana aún   la primavera
y ya el alma florece
  de alas y verdores.

Pero es el dolor de lo trunco
  lo que petrifica la sangre
lo que destruye una sonrisa
  con el peso muerto de la tristeza.

¡Oh   esta causa mía/   enarbolada!...
¿Audacia del espíritu

Juan Carlos Luis Rojas

o ilusión del sentimiento?

¡Oh   este impulso del instinto
de asaltar
los íntimos rincones
   donde te adoran los dioses!

Si comprendieras
que mi primavera es toda sombra/
   ...que encerrada en tu amor
está la luz.

Juan Carlos Luis Rojas

Pértiga y carroza

De pértiga dulce
  a flor y profundo ensamblada en tu vientre
    puede ahora arrastrar mi alma
      carrozas ensoñadas.

De ceñido pedestal
  pueden nuestros cuerpos
    mover el mundo
      al ritmo sediento
        de pélvicas luces.

Oh, amor
al canal mayor de tus venas
se asoman/   vertientes/
  ríos infinitos.
¡Cómo no cantar
  si la fuerza de tu sangre
    tensa la cuerda limpia de mi garganta!

Magnolia encendida   es tu cintura
  ceñida de mis brazos
    posesos de pasión.
Fidedignos del ardor
  nuestros besos fagocitados.
Cuerpos inmersos en el altar.
¡Placer!
  que ignora el tiempo y el espacio.

Juan Carlos Luis Rojas

¡Rostros que se inflaman
  del gozo a fuego vivo!

Ahora que muero
  consumado en tus brazos/
doblegado en la fuerza
  del placer y del amor/
    ¡anda! ¡llévame en tu seno!
A esta pequeñez humana
  llévala en tu seno...
    donde se elevan las ondas
      de ardientes corales arracimados...
    donde palpita ansiosa la simiente...
    donde se arrulla/
la materna e infinita
ternura de la vida.

Juan Carlos Luis Rojas

Y te pregunto si me amas

Se resbalan de mis ojos
  estas preguntas mías/
Colores que se rompen
  sobre las baldosas húmedas
(hoy otra vez llueve).

Sé que debo vencer
  el sentimiento que batalla
    en callejas retorcidas/
Romper este lazo al corazón
  que se anuda en la garganta.

Debo parar
  el temblor de mis manos
    y destruir las columnas
      de esta obcecada necedad.

Bienaventurado el corazón
  que no teme
    las heridas de la discordia
      ni su piel rota.

Bienaventurado
  quien no tiene compasión
    de aburguesados quistes instituidos.

Bienaventurado

Juan Carlos Luis Rojas

*quien no se encamina al sacrificio
por tradiciones y leyendas.*

*Bienaventurado
  quien pone la cerviz
    y se encadena sólo al amor.*

*...Algunas preguntas
  resbalan de mi pecho...*

*¿Qué me corresponde
  el cofre que atesoras
    en lo profundo de tu alma?*

*Sin embargo/
  yo sé   lo que no sabes/
    lo que te pregunto y tu boca calla.*

*¿No es amor acaso
  que me libere de las fauces
    del íntimo fuego?*

*¿No es amor
  la sonrisa y el cariño
    sobre los hombros de la soledad?*

*Amor es el riesgo de tus alas
  para sanar las heridas*

Juan Carlos Luis Rojas

de esta fiera esteparia.

Es amor el goce de tu piel/

porque al fin/
   regocijas mi corazón
      que se queda sin preguntas.

Anden de los sueños

El prisma de la ventana
   mece los colores de la luz/
La luz elige
   los sillares resplandecientes
     donde se impregna/
   la perfumada piel
de la pasión.

Es así que nuestros huesos
   saltean los peldaños de la angustia
porque se aviene
   el placer vivo de amar.

Los cristales esconden
   un murmullo de voces
     que susurran en la penumbra
       cuando acuña el aire/
   del amor/
sus alas traviesas.

La prisa del mundo despega del andén
   pero nuestros sueños...
     ¡Oh, nuestros sueños!
   ¡En viaje de placer   van/
a ritmo loco/
   en el latir del corazón!

Juan Carlos Luis Rojas

Esta hermosura

¡Oh, este destrozo cotidiano de luces/   de sombras!
/
Este sembrar en el aire de palomas/   des per di ga
das/
Esta hermosura de erguirse/   tras los peñascos
añicos/
Este henchirse diario
  de noches inflamadas/
    subterráneos golpes del alma/   que se
esconden/
                              del mundo
abyecto...

Y tan sólo una palabra/   que espero.
De amor/   que espero.
Que avive el fuego/   de fecundidades quietas/
    que esperan.

              Esta hermosura
de los ojos puros/   que callan/
elocuencias cósmicas/   que abren/
                 puertas/
    de vírgenes cielos.

Y ver la ternura
  desde la profundidad oscura del miedo.
Ser caminante de abismos

                      Juan Carlos Luis Rojas

insuflando en el alma
 simiente de sueños.

Esta hermosura de caer rendido/
 y en los puños del corazón/ aferrando aún/
  la bravía esperanza.

Juan Carlos Luis Rojas

Una sinfonía

*Como una sinfonía que discurre
 te dejo fluir   ser así
  como estás creada.
Penetrando libre
 en las hendiduras del aire
  en los poros de mi espíritu.*

*Sólo sentirte/
¡Deleitar los sentidos!
Música que despeja el alma
 como un cantar victorioso.*

*No se atreverán mis dedos
 a rozar las cuerdas.
Nada cambiaré
ni apoyaturas
 ni silencios
  ni bemoles.*

*Me dejo llevar
 en la mágica deriva
  de la luz que corre/
  Sangre tuya
y mía
 fluyendo
en el misterio del amor.*

Juan Carlos Luis Rojas

¡Ávido absorbo...
 (¡para vivir!)
  los cantares envolventes
del concierto!

Juan Carlos Luis Rojas

Cuando estás en el aire

Ardiente comisura de luz
   tus ojos entristecidos/
... ¿O es que caen
   de amor
      de sueños imposibles?

A veces estás en el aire...
y es para olvidar, lo sé
   las notas de mis ojos/
mis manos/
y el formón incisivo de mi voz.

Cuando estás en el aire
   /imprevisible/
yo suelto cuerdas de seda/
libero barriletes llameantes...
Yo sé que entonces
   escapan
      algunas golondrinas de nuestra sangre.
También
   sé que habrán de volver.

Estás en el aire cuando vuelas de deseos/
   y la tumultuosa fecundidad
      se aborta
         en cerrados callejones del entorno.

Juan Carlos Luis Rojas

Estás en el aire
   a veces
mas yo en incendio bajo este mar gris/
   esperando picos de gaviotas/
     que me eleven
hasta el espacio bello
   en que te abrazo.

Juan Carlos Luis Rojas

Tus manos

Canción que huele a hogar
  son tus manos.
Canción que suena
  a luchas y refugios.
Letradas son/
  de fríos
    y auras otoñales.
Adalides/
  que husmean la tristeza
    de estos hombros.
Piel de lo profundo
  que distiende la crispación
    de mis propias manos.

Los ojos de sus dedos
  planchan
    el cuello de mi camisa.
Corrigen/
  el descuido bohemio
    de mi pelo.
Tal vez juegan a la ternura tus manos/
¿Será su juego
  la esencia del amor?

Torpes son tus manos/
torpes de bellezas
  cuando caen sobre mi espalda

Juan Carlos Luis Rojas

levantando mi sonrisa.

Pabellones de universo las mías
  que huelen a riachuelos
    y a barro.
Hundidas semillas las tuyas
  ocultas/
    en el misterio de amar.

Sí   surten alivio tus manos
  a la transparencia azul
    de mi aliento.

Frescas   simientes
  de abrevada tierra.
Canción que dulce suena.
Hiedra/
  que sutil su piel bifurca
    en las almas...
¡de estos!
mis muros sedientos.

Juan Carlos Luis Rojas

Silbo de los sueños

Se hunde en mi corazón
  este silbo/
que mis labios
  inquietan al aire.

Sobre este potro indomable
  marcha una lanza florecida/
/lanza de sueños/

Tiene su asta
  empuñadura sudorosa
    de madera mutilada.

Se hunde en mis versos
  este silbo secreto
que pasea su nostalgia
  en senderos palpitantes.

Se adentra/
  en los bordes sonoros de las hojas/
y el fuego de amor se aviva
  en el fresco pigmento del deseo.

No es del ave
  el pico que succiona
    el zumo azucarado
      de los frutos...

Juan Carlos Luis Rojas

y no son sus alas/

las que abrazan...
esta latente tibieza de sentir.

Juan Carlos Luis Rojas

Heridas y derrotas

Hiere el adiós
  como un hacha etérea/
Cuando cae su filo
  invisible y cruel.

Se deslizan entre sí las manos
  /rozándose/
hasta el último contacto
  en la punta de sus dedos...
    /despidiéndose/
Sólo un café amargo queda
  para endulzar esta melancolía.

La ansiedad construye
  sus alas temblorosas
    que torna a la ternura
      torpe y sin sentido.

Cuando se aquietan mis manos
  frías   y distantes de tu piel
no sé si es tal su conquista
  como el derecho de mis dedos
    en tus senos solazarse.

¿Por qué estos pasos míos/   tercos/
  van con vos hacia la cima incierta
si yo bien sé

Juan Carlos Luis Rojas

que volverán rodando en la pendiente

tras el golpe cruel de lo imposible?

Eslabones perdidos de historias quedan
   en la cadena de la vida/
Suenan/
   como heridas y derrotas
y como siempre... ¿hasta cuándo?

El débil cordón de plata que nos une
   se funde cada tarde
     en la flama dolorosa del adiós.

¿Es sólo fugaz aventura de un sueño
   lo que me marcan tus ojos
     cuando juegan su ironía en la sonrisa?

Arremete a veces el secreto punzante
   de tu palabra abrupta y callada/
¿Me dice, acaso, su silencio
   lo superfluo...
lo imposible de este amor?

Juan Carlos Luis Rojas

Alumbrando penumbras

Pude llegar esta tarde
  a mi rincón de bohemias deshiladas...
    después de despedirte...
    Luego de vorágines ardientes ¿verdad?
En los lazos de la pasión y del amor.

Suspiro ahora ensueños
  de arpas y guaranias.
Respiro poemas/
y música que sublima los anhelos.
Siento tu voz diaria rondando mi sien/
  invitándome a callar/
a silenciar el grito ardiente
  que estalla en mi pecho.
¡Oh, ingenua y dulce!...
¿Le pides calma
  al corazón que no sabe olvidarte?...
Él va más allá de su sangre
  y de nuestros cuerpos/
Más allá de las fronteras
  de llamas y torrentes inflamados.
Oh, mujer
  como a un niño, que no sueñe
    no le pidas al poeta que no sienta.

Trituro mi nostalgia
  cuando espera un milagro

                        Juan Carlos Luis Rojas

la esperanza obcecada/

Pero... acopia incertidumbre mi pasión.

¿Recuerda tu cuerpo a mis brazos?
¿Me recuerdas murmurándote al oído
sintiendo tu corazón golpe a golpe
tu piel palmo a palmo, lo recuerdas?

Se enrojece la tarde
matizada de nubes azules.
La calidez de una brisa
trae fantasmas de ternura/
horas del disfrute/
cotidiano trajín aderezado en el amor...
¡Es allí donde supimos con certeza
de nuestro gozo subrepticio...
alumbrando en las penumbras.

Juan Carlos Luis Rojas

Alas de pasión

Alas vehemente de pasión
   vuela mi sueño/
hacia un cielo de luz que nace
   verde corazón
      de alegre primavera.

Amor   altar etéreo
   donde en dulzuras o tristezas
      suele   /irremisible/
         ofrendarse la vida.

Cóndor que vuela ingrávido
   escrutando las cumbres.

Alas de fuego.
Sueño incomprensible de los sueños.
Soledad de soledades.

En las alturas del alma
   golpea a veces
      el frío soplo de la tristeza.
Nieve y viento sobre las palabras calladas.
En la roca dura.
En las blandas nubes.

Destello rasante/   embebido de dicha/   el amor pasa.

                             Juan Carlos Luis Rojas

En el cuerpo invisible del espíritu deja una estela/

Hálito benigno de luz
  que puede ser   inasible.

¡Ah, cuando te mira el amor
  derrama de sus ojos la miel del espíritu!
    Y sus alas de cóndor /   de paloma/   de fuego
despiertan tesoros ocultos/
  júbilos dormidos
     de voces secretas.

¡Decidida
  la temeraria candidez
sube a sus alas!

Juan Carlos Luis Rojas

Retazos

Lágrimas a flor de las pupilas...
Momento justo en que se funden nuestras almas
   a pesar de la higuera
     y su sedienta pasión de florecer.

Ya lo sé
   son excusas para segar los míos
     tu siembra de besos en el aire.

Ultimo cogollo de flor y fruto
   devoró mi boca...
más sangró el adiós
   anhelando morir el día.

Entre los dedos del corazón
   se escabulle la tarde
     y no pueden
detener mis manos
   el triste vibrar
     de la caja oscura de la noche.

Voy a perdonar nuevamente
   a este muelle...
¡Maldito muelle
   que obcecado sacude mi sangre!
Van a olvidar mis ojos
   el desnevar violento de sus cumbres.

                        Juan Carlos Luis Rojas

Ya sé que hay en ti
  un rincón donde habito
    en retazos que te duelen.

Dejo correr este río.
Bajo el puente de mis venas
  transcurren sus fragores.

Lo dejo correr
  hacia la pequeñez del mar.

¡El mar!
¡Cuán pequeño habrá de ser!

Juan Carlos Luis Rojas

Serenata en el ocaso

Pierdo otra vez
   esta batalla dolorosa
     donde desuela
   el campo crujiente de mi pecho/
donde bailan/
   las aspas cansadas de molinos y espejismos.

Es que avanzas sobre este erial
   y sobre este muelle palpitante
     donde clavas tu bandera/
para doblegar estos ojos/
   que caen/
para sentir
   las serenatas del amor.

Y me ganan tus besos
   con su victoria dulce sobre mi boca
     donde hieres/
       con una flor/
   justo en el desgarro
de ocasos y despedidas.

Juan Carlos Luis Rojas

Ritualarte

Rnnrnnrnnnmzzz.
Suena en mis oídos lo que suena
  y en mi mente tu pelamennnnzzz
    desde mi puertastamipecho que suspira.
  Ritual arte de arrastrarte
    como loco conductor   de picadas.
  Calles que pasean en mi mente
    autopista   ¡mía! tu rubia cabellera
      teñidas sienes
        arabescos y locuras
          se marchitan en mi cuerpo
            de zumos y congojas seminales.
  Ritualarte de sentirte de mimarte.
  Mayor fechoría y virtud es consumarte.
        ¡Seguro!   ¡Debo amarte!

Juan Carlos Luis Rojas

Alas de amor

En tranquilo vuelo
 te ven partir   golondrina
dominando airosa
 el lustroso plumaje/
engañando de calma
 a los ojos extraño.

Mas   alguien sabe   golondrina
 que partes con el alma vibrante/
que llevas en el instinto
 anhelantes sueños/
que bajo el falso sosiego
 arde/
  una furtiva pasión.

Hay alguien que sabe/
 de la flor sangrante
  que oculta tu pecho
y que un poco de tu alma dejas
 en el corazón
  que heriste de amor...

Los ojos
 /pequeña avecilla/
no saben de engaños
 no esconden tristezas/
Sobreviven/

Juan Carlos Luis Rojas

en el tenue brillo

  de una pequeña esperanza/
Un milagro espera/
  que el tiempo divino
    habrá de parir.

Así sueña
  aquel que conoce el susurro/
    tu trémulo canto/
quien se mezcló con tus fibras
  y vibró en tus alas/
tus alas de amor.

Juan Carlos Luis Rojas

Oscuro abismo

Saldré... no sé/
   del oscuro abismo del alma
      levantando roídos huesos del espíritu...
Pondré nuevos pasos al corazón/
   calzados blancos
      que pinten con sus huellas
         la sangre ennegrecida.

Pondré otros pétalos
   a los ojos   de sí desconocidos...
      enarbolados del lodo/
de la mentira inconsciente
   que es seguir viviendo
      que es seguir amando
         que es seguir repartiendo
cobardía
   de amaneceres nuevos.

¿Podré avanzar   acaso
con el tembladeral
   oculto en la camisa
que descose
   diario botones de otoños
      sobre mi pecho duro...
que descuece
   amamantado sabor de placeres...
que rompen

                    Juan Carlos Luis Rojas

sabiduría falsa de viejos pudores?

Me planto aquí/
con el ceño adusto
consumado equilibrista
viejo artista
   de necias locuras.

¡Ay!
¿Saldré acaso
   de este cuenco oscuro
y del dolor?

Sombra trashumante

Si pudieses caer
 amarga sombra trashumante.
Si pudieses caer
bajo un solo redoble
 descociendo sin piedad
  las hebras cansadas de mi pecho.

Si pudieses amasar
 sediento fuego del amor
  las glorias mezquinas de la muerte.

Hoy, sin embargo
florece en los ojos
 este arcano desvivir de los pasos
cuando se cala en la piedra
 la estúpida obsesión de los sueños.

¡Sumen! ¡Sumen!
 ¡Gravedad de los puñales!
¡Para fulminar como un rayo al sentimiento!

¡Sumen! ¡Sume!
 ¡Heridas agudas del aire
  para desangrar estas penas
y derramar en el desierto mi locura!

Juan Carlos Luis Rojas

Propiedad

Se derrama   el aire   la luz
    tentáculos libidinosos.
Caen sobre tu cuerpo
    haciendo estallar
       de la mansedumbre
          la puerta de los celos...
    y no sabes
    que van mis ojos
       a la batalla
          sentenciando en el alma
            el poder de lo propio.

No sabes
    que tu nombre   pequeño   tierno
que pronuncio sin voz...
que dos golpes son   ¡míos!
silábicos sonidos
    de cristales en brindis...

del alborozo   que es nuestro
    que es mío
cosquilleando mi corazón
    que es tuyo.

En tanto/
es tu propiedad   /ser/   libre
y así es como te quiero.

Juan Carlos Luis Rojas

Canto del amante

Canto azul del amante
  que se vierte en las horas/
con destellos escondidos
  de festivas alboradas.

En un puño lleva
  la felicidad de un sueño
    y en el otro
      tristezas infinitas.

Cunden impotencias
  de alegrías que se truncan/
abruptas/
  sobre el corazón cansado.

Envejecer en juventud
  es la consigna/
con una bandera a cuestas
  de obcecadas esperanzas.

Suelen quedar melancolías
  tras el café que se esfuma
    y la ironía de la lluvia
      que empapa de nostalgias.

Es por el amor/
que este ser resigna

                        Juan Carlos Luis Rojas

epopeyas de auroras/

y es por el amor/
que puede cantarte
  el sentimiento de su piel
    y de su sangre.

Navego en el recuerdo de esta luz
  que me exilia del mundo
para dormirme
  en el laurel soñado de tu cuerpo/
para ver que nuestras sombras...
mutuas deambulan
  y se encuentran
    para estrecharse
      en el rincón fugaz
        de los abrazos.

Se arrebujan las fragancias/
de estas flores ardientes
  en los continentes desesperados
    del amor.

Me dejo caer
  como libre plumón
    de ave en cenizas.
Arranco el corazón
  y las alas de un sueño.
Arranco esta voz de Romeo

                Juan Carlos Luis Rojas

y susurros dolientes.
Arranco este sentir
  que sigue aún

    latiendo en la piel.

Me dejo caer
  ahora
    como plumón sin dueño/
despojado
del aliento
y del llanto.

Juan Carlos Luis Rojas

La tarde cómplice

Se encendió en crepúsculo la tarde
   cuando ya no estabas
y en tropiezo de sombras
   sucumbí a tu ausencia.

Rodó la tarde en pasillos largos
   túneles de oscuridades quietas...
     y me habló con su voz silente.

Desde sus banderolas
   los salones me espiaron discretos...
     y entre tanto
       de ti me habló la tarde
     desde su corazón misterioso
   al mío.

Cayó mi sombra cabizbaja/
mis brazos rendidos/
mi rostro en bandejas
   de fríos pasamanos/
Metales hirientes
   de brumosas escaleras.

En sollozos   sordos
   confundí

                            Juan Carlos Luis Rojas

una voz rumorosa...

Resignada a la noche
la tarde cómplice
   consoló mi quimera
     acarició mi esperanza.

¡Oh, esperar de nuevo!...
¡Un día siguiente
   para los besos rescatados!
¡Para liberar en júbilo
   a nuestros prisioneros esplendores!

Juan Carlos Luis Rojas

El gozo de verte

Que bueno es verte
   a pesar de todo...
de lo imposible
   que con puñales
     criba el alma.
A pesar del completo deseo
   y solo las migajas.

A veces es mezquina la vida
   y nos da
     nada más   nada menos/
sus pequeños tesoros.

Que bueno es
   solo verte...
¡aunque arrimar su hocico
   quieren
los perros que aúllan
   en mi corazón!

Que bueno es verte
   aunque se gasten mis ojos, así...
y mi pecho de suspiros.
Que bueno es verte
   aún con el dolor
     de saber que partirás...
   que sufrirá ausencia

Juan Carlos Luis Rojas

la posibilidad perdida
*   de enlazarse nuestras manos.*

En tanto tus ojos   a sabiendas/
*   no paran   en su fugaz mirada/*
¡Llegan hasta el rincón
*   donde te adoran mis sueños!*
*   ...*
Si rompo con mi silbo
   histriónico e indiferente
     en los patios desiertos
   mentiroso es mi andar
    mi cordura es falsa
pero...
¡tan real
mi gozo de verte!

Juan Carlos Luis Rojas

Vino y miel

Fundidos   el vino   y la miel.
Se rompe/
   el odre fermentado de la angustia.

A tu piel me vuelco....
   me hechiza el placer
      de hundirme en tus entrañas.

Me rescatas del abismo
   en tu propio abismo.
En sublimado alcohol/
   vuelo/
y es perderme aventurero
   en las vértebras insondables del mar.
Es sacudir el polvo de mil caminos
   en tu cabellera suave
      derramada
         entre tus pechos asomados.

Huyó la sombra del miedo
   con la luz calma de tus ojos...

Ahora cruzo nuestra esencia
   con las líneas insulsas
      de mis versos.

Es   la feliz hora   fisionada

                           Juan Carlos Luis Rojas

de mi hastío.
Son los golpes certeros
   de tus caricias
      la hora en que se funden las almas.

Y yo soy el vino...
tú la miel.

Juan Carlos Luis Rojas

Lo imposible

Que puedo hacer/
   cuando no estás   amor
cuando se desmoronan del barranco
   las silvestres flores de mi espíritu.

Incierta lumbre dime/
¿qué puedo hacer/
si cataratas de sombras
   cortan de mis ojos
      la luz cansada del camino?

¿Qué puedo hacer/
cuando la esperanza
   perdida en el horizonte
solo avientas cenizas/
   de un sol que muere?

No sé/
en que ventana te escondes/
en que mirada/
ni cual es el brillo verdadero
   de tu omnipresencia esplendente.

Me subes al aire de la ansiedad
me cuelgas en las estrellas/
allá te espero
   en sueños de bohemias y locuras.

                       Juan Carlos Luis Rojas

¿Sabes?
  ¡Me marcho
    con las alas que me distes
      quemadas de emociones!

¡Siento que sentencio lo absoluto
  y tiembla
el agrio escozor de lo imposible!

Septiembre

Abría septiembre
 el dilatado campo de las fragancias y las luces.

El aire confesaba el amor de las flores
 y la fuerza combatiente
  de suspiros contenidos.

¡Y quién era yo para presentar batalla!...
¡Me rendía a lo bello
 redimido del temor!

Quién era yo para juzgar
 el sexo intempestivo en las esquinas/
o la precocidad ostentosa de las jóvenes...

¿Sabré, acaso, si ha de florecer
 de las ruinas
  lo silvestre inesperado?

Abierta sobre el cáliz
 la rosa no espera/
  no mezquina su candor
   ni su perfume.

¡Y por eso   los titanes sedientos de mi alma
 se bebieron tu sangre/
  con mi sangre!...

Juan Carlos Luis Rojas

y devorado fue tu corazón
con el mío.

¡Oh, ciclópea del amor la pasión desbocada!
Galopó
   hacia la rosa más íntima de tu ser/
    y nací de nuevo
  con la esperanza de tus ojos
   con la rama perfumada de tu cuerpo.

¡Oh, verdor
  que colorea y sacia
    al hambriento otoño del espíritu y la carne!

¡Crepúsculo y aurora que se enlazan
  con los ávidos brazos de los amantes!

...Sé que volverá septiembre
  como vuelve la vida a los huertos.

Sé que volverá/
  trayendo libertad bendecida
   a la rosa fresca/
a la ignorada flor
  en el jardín de los reyes.

Volverá lo sé
  hecho dios del fuego y la ternura

                           Juan Carlos Luis Rojas

*con el cáliz servido
para el brindis real del amor.*

Juan Carlos Luis Rojas

Luz posesiva

Ahí estás/
  en mi espacio tu sombra
y tu luz posesiva
  cortando llamas
    y encrucijadas indelebles.

Ahí estás...
  calando intermitente mis senderos
    andando en mis pasos
      los tuyos.

Yo
  viajante de bohemias desiertas.
Tú
  manantial/
    frescor de valles.

Rumor de estrellas   me hablas
  en la pirámide abierta de tu voz.
Ángel que fecundas mis ausencias
  en multitudinarios himnos/
    para salvar mis delirios
      de sus muertes ditirámbicas.

Yo/
  trotamundo del espíritu.
Tú/

Juan Carlos Luis Rojas

*de mis venas
la pragmática lumbre.*

Alcobas recónditas

Se cuece en la tarde
  el pigmento feliz de los anhelos
    que de los suspiros carga el aire/
y de glorias intrépidas
  el corazón se embebe.

Esa brisa que filtran
  las palmeras de tus manos
fragancia de azahares se vuelve
  al olfato ávido del amor.

Mi pecho oye cantares silentes
  que emergen/
    de esa alcoba recóndita/
  de esa cálida alcoba de tu pecho.

¡Son nuestros corazones
  que sin sentidos para el mundo
    sueñan! /
¡Más sueñan
  cuando la pasión estalla...
y son dueños sus retumbos
  de dominios y locuras!

Mientras la boca suena muda
  largo es el canto
    que llega hasta el oído...

Juan Carlos Luis Rojas

y hablan los ojos/
la piel...

Si febriles mis pasos/
sólo van para soltar
　palomas lentas/
　　ternuras blandas/
　　　que llevan dedos florecidos/
que tocan sin rozar
　el aura de tus senos.

Candor de jazmines
　sacude al alma
y está dentro de su corazón su corazón/
　para vestirse
　　con sedas y capullos...
y con savia dulce del amor.

Juan Carlos Luis Rojas

Qué soñará el amor

¡A dónde irá el amor
  cuando se aparta
    del fuego que consume!

¿A dónde sus manos
cuando no están
  sobre las manos...
aquellas   de verdad amadas?

¡Dónde estará su deleite/
  cuando estalla en un corazón
    su ausencia!
  ...Sus oídos
    oyendo otra voz   quizás
    otra risa.

¿Sabrá de olvidos el amor?
  ¿En qué pensará
    cuando sus codos
      están sobre otra mesa
        y el río del día
          lo arrastra en su vorágine?

¡Oh, qué soñará el amor
cuando mis sueños le sueñan!

Juan Carlos Luis Rojas

No hay adiós

No permitas/
que la humedad de la tristeza
ascienda/
por los capilares dolidos del alma.

No permitas que te entristezca
la palabra cortante del adiós...
porque no hay adiós.

El amor
siempre ronda el mundo
en la fresca sintonia del espíritu.
Ese amor
no sabe/
de diosesególatras
ni de caminos perdidos.

A partir de ahora/
a partir de hoy/
pon en tus manos las flores
que generosas se inclinan a tu paso.
No dejes marchitarse
la emoción valiente de la espera.
Dale una sonrisa
aromada de tu luz
al verdor de los anhelos.
Observa/

Juan Carlos Luis Rojas

La vida es una aventura
  de paisajes infinitos/
Aunque pueden   a veces
sus follajes
herir al corazón.

¿Sientes la melancolía de violines
  que se mecen en el pecho?...
Yo también siento/
Dame entonces
  el placer de redoblar/
esta apuesta tambaleante
  de gorriones.

¡Suelta ahora!...
¡Suelta bajo tus pies
  esas semillas vacilantes del amor!
Recogerás los frutos/
Donde sea que vayas.
Donde sea que vuelvas.

Juan Carlos Luis Rojas

Simple

No es/
  ni fortuita
    ni gratis
  la defección que siembra la indolencia del espíritu.
Tarde o temprano
  brotará la semilla de su mal.

Es porque no piensa con el corazón
  que el mundo cae en el raciocinio de su muerte.
Su necia picardía
  guarda el escrúpulo en los cofres del cinismo.

Todavía desierto de amor/
  fustiga sangre el andar de los hombres.
Se creen sabios/
y enseñan malabares a robots
  en el campo sideral de atónitas estrellas...
pero sus almas no saben volar.

Pareciera vano   finalmente
  el hechizo que nos brinda
    la floresta colorida en el desierto.

Es así/ que revuelto en penurias combativas
  danza este follaje amarillento/
de quien fue quitando verdores
  el hollín y la flama

Juan Carlos Luis Rojas

del ardiente vivir.

¡Pero es simple el remedio, sin embargo!...
¡Simple!
Como una gramilla extendida
  sobre la piel de la tierra.

Es sólo saber sentir/
  para comprender a las voces
    que suenan en estos ojos.

De toda esta...
  crudeza de la desidia
    me desahogo a veces mirando a los nidales/
  Donde los picos besan
    al amor
      vestido de plumones...
y veo a la lluvia/
  generosa/
    alimentando a la semilla.

También te miro/
y aunque nos crean en el altar de la locura
  deja que sea inseminada de estrellas
    la cuenca florecida de tu cuerpo.
Embriaga tu corazón de sentimientos/
  para que estalle
    en cada poro de tu piel/
para dulcificar   simplemente

Juan Carlos Luis Rojas

/como lo hacen tus ojos/
este ácimo pan
que nos toca vivir.

Senda de esperanza

La esperanza todavía canta.
El péndulo inquieto del amor
  azora ríos
    de venas abatidas.

Sentimientos...
  sacudiendo cauces/ van...
    volverán verdecidos
  de vivo color/ volverán/
Aun rodando cuesta abajo
  volverán
    en sueños amanecidos.

Gratitud reverencia
  enseñan las páginas
    del deleite vivido.

Traspiés/ en la contienda del deseo.
Esperanza derrotada
  y dos caminos
    virtud resentimiento...
¡Retinto!
  ¡Cambiado color de mi senda!
Donde brotan celestes augurios
donde vive y sueña
  un ángel eterno.

Juan Carlos Luis Rojas

¡Esperanza! / ¡Casa inmutable!
   Virtual concreción del espíritu.
Horizonte renovado de perdidas batallas.
Esperanza que mueven mis manos
   mis dedos
     en el garabato feliz de mi pluma.

Esperanza obcecada
  que construye un jardín
aún
  donde
¡hasta las piedras estallaron!

Juan Carlos Luis Rojas

Recordándote

Aves restallantes son/   Vivaces chispas/
  los recuerdos.
Centellas que ondulan mi alma/
Dibujan una estela de sueños
  que aún no alcanzan los cielos...
mas, ponen escabeles... y tronos
en mi reino desmembrado.

Cae sedienta esta tarde
  con su pecho hueco.
Acaso la noche cuaje en sus astros
  la oscuridad calma del olvido.

Acaso el rocío
  vuelva a pegar/   en la carne/
la piel despellejada
  de esta roca andante.
Pudiera esta noche volcar sus efluvios
  sepultando en muerte, pasado y futuro.
¡Pudiera una ráfaga de azul del aire/
  peinar mi pelo en discordia
    y alzarme
      a caminar con planetas errantes!

...y es un planeta mi pensamiento
  ...y vos
el centro gravitacional que circunda.

                        Juan Carlos Luis Rojas

Amiga mía

Cuando deslío mi corazón
amiga mía
en tu abrazo dulce/ generoso/
siento que tu piel fecunda rosas
   en la árida tierra de mi alma.

Sonoridades ocultas brotan
   de celestes sinfonías.

El poder de tu candor
me trae
   la ternura y el fuego.

...Sirves en mis venas
(y no sabes)
   salud/ sosiego/ pasión/ simiente.

Sólo amigos... dices.
¡Qué pequeña palabra!
¡Dichosos son los aventurados
   en la maraña de lo íntimo
     cuando caen
       en la deliciosa red del amor!

Vedadas glorias/ aún flotan
en el aire donde vuelan
   nuestras miradas.

Juan Carlos Luis Rojas

Infantería de pasiones
  hay en mi pecho aguerrido.

Estoico/
dejo clavar en mi corazón
  la daga irremisible
    del sentimiento.

¡Ay, amiga mía
dime que sabes!...
Que hay más que palabras
  en nuestras voces...
más que caricias
  en nuestras manos...

Dime
  que crece entre nosotros
la flor exuberante del amor.

Juan Carlos Luis Rojas

Cuando te vas

*Envidio los lugares
  donde te lleva la tarde
    cuando se apaga en las penas
      mi alegre silbo que inspiras.*

*Te pienso/
cuando en la mesa del café
me impregna
  el burdo sabor a melancolía/
aun sabiendo que en cada sorbo
  bebo tu grato recuerdo.*

*Arde en mi corazón la ansiedad impotente.
Quimeras.
Sueños.
Cambiar el destino.*

*Cuando ya aturdido me marcho/
y revientan en la vereda
  los ojos ciegos de mis pies/
viene a mi
  el cielo de las caricias robadas
    y abres en mi pecho
(no sé si sabes)
  una pena y una flor.*

Pudiera yo

Juan Carlos Luis Rojas

cocer en el vino amargo
 la dura cerviz del delirio.
Pudiera el amor
 romper las murallas del tedio/
abrir ventanas
 de soles y dichas
para que ahuyenten
 a estas tormentas del alma.

Cuando me envuelve la noche
 en esta mendicidad resignada
me regala generosa
 el poder de soñarte...
¡Que habrá un mañana
 me cuenta
de esplendoroso cielo
que cantará nuestro amor!

Juan Carlos Luis Rojas

Cintura de guitarra

¡Oh, anaranjado estallar de soles amanecidos
   que se rompen/
     en la luna dilatada de aquellos ojos!...
que trepan/
   las quebradas pedregosas
     de mi espíritu...

Duende íntimo que abraza
   suavemente/
     su cintura de guitarra...
y mi guitarra cela/
   hoy no canta/
     llora.

Oh, guitarra/ ciega/ ¡No puedes!...
¿No quieres acaso?

   ...Yo sí quiero
enhebrar en melodías
   la musa dulce de su amor.

¡Oh, bordonas y tristes cantarinas!
¡No decaigan hoy
   escoltas reticentes!
Como en aquellas noches de nostalgias
   ¡yo quiero aún, cuerdas,
     vuestro bálsamo sonoro!

                        Juan Carlos Luis Rojas

¡No llores guitarra, sueña!
¡Sueña guitarra, sueña!

La opulencia del sentir
  engorda
    los latidos de estas notas.
¡Canta, guitarra, canta!
...No olvidan las manos de mi ser
  el pozo erótico de sus curvas
    donde aún
      ensamblo mi pasión.

...y duermen los párpados/
  al vibrar
    la cuerda oscura de mi voz
    porque sienten/
      revenidos timbres   y luces
        en los arpegios de su alma.

¡No llores guitarra, sueña!
        ¡Canta guitarra, canta!

Juan Carlos Luis Rojas

Ritos y misterios

En el recodo del alma
donde danzan los tigres del deseo
allí está mi corazón
/sediento/
presto a lanzarse al mar
sobre los domos relucientes de tus corales.
En la alcoba
invadida de penumbras
se mueven los misterios
de ritos y suspiros.
En el ojo de la tormenta
el vórtice de la pasión se funde
/cae/
en el remanso tibio de nuestros cuerpos.
Cantamos.
Gritamos.
Resumimos nuestros sueños
entre sábanas revueltas
mientras voraces fuegos
tragan a nuestras almas.
Si las palomas satisfechas
acicalan con el pico su plumaje
¡aves reincidentes somos!...
De besos
llenamos nuestra piel.

Juan Carlos Luis Rojas

A mares

Al influjo de las penumbras,
o sin luz, o sin sombras,
atinado desatino
del placer
guiado de suspiros...
Los cuerpos se desvisten
en giros adyacentes;
ágiles felinos son
que silentes se deslizan
con sus garras afiladas de caricias...
Cálida extensión
de piel sobre piel
se acometen
de fragancias y sabores
fagocitan...
Sangre que acrecientan
en torrentes y dos mares;
geografías
carnales contrapuestos
que se funden,
tremulares, temblores
que se habitan
en puntos
de geometrías tangenciales,
se devoran
en cumbres y en abismos.
Aritmética

Juan Carlos Luis Rojas

del arte movedizo,
¡artilugio de las formas
en pares complementos!
Sentires y placeres
perdidos en la luna,
vivientes del ensueño,
desorbitados del mundo.
Armonía de susurros
en sonidos de afluentes.
Entrañas de la tierra
y sus fragores
donde magmas
transmigraron en los cuerpos,
ascendente y descendente
que baten y rebaten
a punto de heliocentro...
¡Y estallan!...
Pero es, ¡a mares
en fulmíneo final!
¡Plasma de estrellas!
lo que sueñan...
lo que sienten...

Juan Carlos Luis Rojas

Tu amor

¡Amor!...
Tus ojos me envuelven
   en un vuelo de palomas...
convierten mis temores en sosiego.

¡Pasión!
Pasión es tu cuerpo
   que sublima la distancia
      en los rayos del deseo.

Vórtice fecundo de gaviotas
   es mi pecho
      de alas contenidas.
Rapaz el aire/   me vence/
   cuando su libido te cubre
¡y yo tiemblo!
   en la carcasa de mi ego.

Mi soledad   aún
   ronda el peñasco seco de tu ausencia.
Buscándote.
Queriéndote.
Marcando auras
   donde tu amor me rescata.
¡Tu amor!...
¡Abierta semilla de la aurora!

                              Juan Carlos Luis Rojas

Instinto de la flor

Sobre las planicies del aire
  navega
    el instinto de la flor...
      y sufre una pena/
Pena del color desfalleciente
  que muerden
    equívocas luces.

Se mueve flameando
  vertical/
    suelta/
      indecisa/
la flor del jacarandá
resignando esplendores
  en la copa púrpura/
    diferente/
del deseo.

Con sutil voz llama
  la otra voz cadenciosa
    de tus pasos
  que derraman candores
    en la danza anhelante
      de los sueños.

Tu pelo
  gime al viento

                        Juan Carlos Luis Rojas

estallido vigoroso de trigales/
hebras/ lazo de hadas/
buscando
la cinta cariñosa
de lícitas manos/
¡Oh, autoridad natural del amor!

Te ama el sol aún
en su celo de ondas cósmicas
cuando las penumbras te envuelven/
sombras que embargan
/atrevidas/
tus alas de gaviota.

Juan Carlos Luis Rojas

Musical

Fueron nuestros días
  subrepticio canto del silencio.
Ronda de celestes sonoridades.
Completo programa de un concierto
  de humildes himnos/
    cantos/
      e ignoradas tragedias bajo la piel
        acrisolando el alma.

¡Y es así   como suena la vida!
Este estanque en el Universo/
  donde reverberan los ecos
    de brillantes soles/
      nubosos horizontes.

Agradezco tus   sonrisas
  (aunque abemoladas)
pasaron el riesgo de las cuerdas
  que más no se pudo tensar.

Agradezco a tus manos/
Fortalecieron los bastiones de mi espíritu.
Este espíritu que envuelve
  a un ángel veleidoso
que transmuta en aire de palabras
  esta dicha sufriente de vivir.

                        Juan Carlos Luis Rojas

Llevo en el diapasón de mis huesos
   tu corazón
su pianissimo acorde
   que sonó sobre mi piel
     cuando aletargaba
       sus   espacios   de suspiros.

Que me miren tus ojos...
que ya los míos...
tranquilos
   en este prolongado calderón...
que no dice
   cuál es el compás que sigue/
   cuál el que empieza/

Podré ejecutar
   en un rincón   tal vez
     este mordiente chispeante de mis ojos/
Se notará/
   en la sonoridad rallentada de violines.

En el fondo de esta sala de armonías/
   ya se dieron a silencio
     las cajas oscuras de los bajos/
sólo el aire vacío suena
   de las gaitas distendidas.

¿Ves/ oís/

                        Juan Carlos Luis Rojas

la campanilla suave de mi sonrisa
  que atornilla el aire

    para calmar tus ojos
      y la ansiedad dolorosa de tu pecho?
¡Mira, no son culpas
  estos golpes de timbales en nuestros oídos!
Sólo   son   sones/
que tañen
  los duendes musicales del aire.

Oye, es imposible parar
  este concierto beethoveniano.
    Golpes violentos del amor.
...el silencio también es música/
música que fluye
cósmica y terrena
  en la voz profunda del alma.

...Miremos el arroyo
este sinuoso devenir del tiempo...
nada más, percibamos
  el perfume abrillantado
en estas notas del concierto.

                              Juan Carlos Luis Rojas

Esperándote

Se acercan los días
  cuando no importa
    si grita el sol
      desde su alta arrogancia/
  o si la lluvia lo disuelve
    sobre baldosas oscuras.

En esos días
no me importa el estrépito de los niños
  que están felices en el patio de juegos
    de un jardín.
No me interesa
  si alguien
    en otro confín
    espera   o desespera.
Soy atalaya
  sólo de los pasos que quiero.

Estiro mi tiempo.
Vale la pena soñar
arrancar el día
  desde el tallo fresco
    de la flor matutina;
sondear el tesoro
  que derrama el amor,
esas caricias que afilan
  mi lanza hacia el mundo.

Juan Carlos Luis Rojas

Cuando la desventura fortuita
  me elige su blanco...
y me quitan tus manos,
  tus manos, tus besos...
entonces
tropieza el ángel
  que encamina mis días...
¡Trémulo el espíritu y...!
¡Oh, Dios
  cada proyecto se abisma!

Yo/
Humilde barro que ama/
caigo abatido
  aunque en mis pies queden
mis deslustradas hazañas.

Juan Carlos Luis Rojas

Cuando pimpolleabas en el aire

Tienes que saberlo/
  ahora que está completa
    la siega del tiempo.
Ahora
  que el lago muestra
    sereno palpitar.

Podrás comprender
como yo lo comprendo ahora
que he sido sombra....
pretérita sombra de tus sombras.
Alma oscura
  perdida en lo cósmico/
esperando la raíz de tu amanecer.

En la agreste brisa estuve
  desliéndome en el furor
    del perfume a mangos,
cuando tú
  (nada más y nada menos)
pimpolleabas en el aire/
  mimándolo con frescor de pétalos...
Cuando en tu cuna soñabas mariposas/
  y aquellas manos paternas
al visitar tus hombros
  tomaba tu cabecita
    apoyándola en su pecho...

Juan Carlos Luis Rojas

¡Allí yo estaba!
También creciendo.
Esperando al futuro como un amante
  tierno/   ardiente/

Tus ojos de asombro
  (¡los vi!)
se adentraban
  en la luz del rocío sobre la gramilla
y en las gotas de lluvia
  cayendo/
    entre las hojas del naranjo.

Sí.
Allí estuve
entre las sonoridades del arpa
  que tus oídos abrazaban
mientras el timbre de la voz cantante
  crecía/
    vibrando en tus huesos.

Me oculté bajo el brillo del agua
  cuando, tú, curiosa
te asomaste a la boca del cántaro oscuro
  que entre el verdor del jardín
    te esperaba.

...Y no me reconociste/

                        Juan Carlos Luis Rojas

ni cuando por primera vez
 te tocó el amor en deleites y susurros.

No me reconociste
 y sentí celos.

Te esperé desde entonces
  en el cogollo abierto del sendero,
en la madura matriz del camino,
para abrazarte hoy
con esta voz de mi sangre
con este cantar de mi amor.

Juan Carlos Luis Rojas

Es cierto

Los cristales están rotos
donde no se ven
   las palabras ciegas
     de mi corazón hundido.

Y aunque no creas
   esto es cierto...
esto del amor y el tambor añicos...
Y es cierto que llueve
   sobre estos cristales
     aunque no llueva.

Puedes enterarte además/
   que mi mente no teje fantasmas
que es cierto aquello del sentimiento/
que callan los truenos por dentro/
...Que pongo escaleras
   sólo para alcanzarte.

Hasta aquí domino el silencio...
   para que vivas...
     ¡Por Dios, nada menos!

Compruebo que es cierto...
Es cierto esto de la muerte lenta
   donde entre nubosas agonías
     las preguntas borbotean.

                   Juan Carlos Luis Rojas

...¡Para qué mis versos
   si no cantan en tu pecho!
Para qué
   la luz/   del poema/
     si no alumbra el verdadero.
Para qué...
Para qué mi siembra de colores
   en las paredes...
cuando no sé   si van tus ojos
   a donde mi amor te habla.

No.
No es juego.
Son ciertas las preguntas
   como esto que se clava en el pecho
     sin sangrar la piel.

Bueno...
Como cierto es
esta lluvia buena del desahogo
que ahora sí
   moja paredes y vidrieras...
y también mi rostro.

                              Juan Carlos Luis Rojas

Quería ser poeta

... ¡Y yo quería ser poeta/
   para cantarte bellos himnos!
¡No pude!
Aquí estoy
   con versos torpes
      de la tristeza y el dolor
de reinos destruidos/
quebrados cetros/
en el pensamiento de este rey
   de sólo ensueños.

¡Oh, temerario corazón que no sabe de imposibles!
   ¡Loco corcel sin sentido del abismo!

Sin embargo,   yo podría vencer la soledad...
   (contigo)
      ganar batallas con sólo las caricias de tus manos.

Es tu prerrogativa mi obediencia
   al chasquido de tus dedos
      para construirte nuevos mundos
         desde la musa ardiente de tu sangre.
      Levantar esos reinos milenarios de héroes
abatidos.
      Vitalizar esperanzas aletargadas.

Amada mía

                            Juan Carlos Luis Rojas

*porque puedo sentir es que camino/
sobre tus ojos/ sobre tu cuerpo/
aunque seas aire/ aunque seas agua/*

*Yo puedo lamer
tu sonrisa tibia
que se trepa
sobre la piel de mi corazón/
Puedo besar tus plantas
con mi espíritu
aunque estés
tan distante de mis cielos.*

*Quería yo ser poeta
y ya está seca/
la hoja ruda de mi pluma.*

Juan Carlos Luis Rojas

Fluir

Te pienso/
El sol doblega la miel de los árboles/
Me rescata en luz verde
  el primor de la savia/
...y es para fluir en tus ojos
  que el río pasa.

Esta cerrazón que baja
  como lentas pestañas/
    es para aliviar el dolor...
Es para desconectar por un momento
  /estas fibras alertas/
  /abnegadas/
    que van más allá de los caminos/
en la punta de la vorágine
  como ejércitos en vanguardias.

¡Que se canse ahora/
  esta marcha
    de dura infantería!

Extendamos en los campos
  (verde-gris de esta niebla)
    los pertrechos opacos del agua.

Tomemos el sentido del humus
  que volverá/

                Juan Carlos Luis Rojas

en clamor de hojas frescas
  tras hibernar nuestro espíritu
    en esta finca somnolienta/
Latir difuso de la vida/
Estampas indiferentes
  que la niebla desdibuja.

Durmamos por un tiempo
  esta consciencia estupefacta.
Sólo sintamos nuestros codos solidarios/
la intensidad compartida de nuestras manos
el mutuo abrazo de los ojos.

Deja pasar esta pesadilla
  como un sueño lejano
para descubrir al disiparse
  el valle renovado
    bueno
y fértil.

Juan Carlos Luis Rojas

Deriva

Firmes/ aprietan mis manos
   las ramas encendidas de mis sueños.
Cristalizadas florecen
   en las callosidades pétreas de la tierra.
...Y decantan en el mar
   la lucha derramada.

Sí, todavía vengo...
Vengo   todavía   forzando   el remo
   hamacándome en la sal
     de estas aguas turbias...

Suena una esperanza en el corazón deshecho
   en el momento que acaricio a un niño
     con mis dedos duros.

Pero... con el brillo de tus ojos buenos
   que me miman
     que me hieren
¡vivo   muero!

Entre las piedras silban
   zumos celestes
     de sutiles savias
       y avanzo...
con el pecho abierto
   con la simiente presta

                Juan Carlos Luis Rojas

con la frente alta.

Mis puños amenazan/
   victoria de poeta
      luz del canto.

Volveré.
Mil veces volveré
   a besar la flor
      en estos campos yermos.

Tú vendrás
   acaso un día
      ternura
a fertilizar mis cielos
   infinitos
en deriva errante.

Juan Carlos Luis Rojas

Noche rendida

Te hubieras quedado por aquí...
Y no importa que el mundo despierte,
se entere,
o se duerma...
en su ruido
o en su silencio.

La noche se ha rendido...

En nuestra piel se apagó su pigmento.
Pero el día sigue
con nosotros,
en nosotros.

Juan Carlos Luis Rojas

Nuevas estrellas

Por fin
  detuve un momento
    mi traviesa locura de niño.

Tras un golpe contra el horizonte, pude bajar
del caballo desbocado
  que espolearon mis sueños.

Volví entonces mis ojos
  de esas llanuras sedientas...
aquellas que insuflan
  anhelos ardientes en el corazón/
¡Candor del pecho/
  buscador de montañas imposibles!

Volví mis pasos.
  ¿Se rindieron acaso?...
Se aquietaron
  para envejecer aún más
    su cansada esperanza.

A mi espalda
  vi un mar gris   opaco/   brumoso...
¡Tantos ojos marchitos!
Vi a la pasión anhelante.
¡Ella era/   es/

                        Juan Carlos Luis Rojas

el combustible del sol
  quemando las alas de la vida!

Regresé del camino de la ilusión
tras la cortina lluviosa de las lágrimas.
Caminé   sobre continentes antiguos
  de sueños perdidos.

Amarrado en sus puertos
  había barcos en cenizas humeantes.
Dejé en cada altar de sus mástiles
  la bendición de un suspiro
    y en el último
la rendición de mi espada.

Monté otra vez
  con humildades nuevas
con tristeza dura/
con rumbo incierto/

El trote es leve.
Un río de manso fluir
  sin medida del tiempo.

Sobre mi frente
  caen sin cesar
    (del oscuro arpegio de la noche)
guiños amables
  de mis nuevas estrellas.

Juan Carlos Luis Rojas

Indice

Indice 126
Prólogo 6
Agradecimiento 10
Unas palabras a... 11
Puente inalcanzable 12
Temor de amar 14
Esta música 16
Ganar los cielos 18
Ausencia 19
Huida 21
Baldosas adormecidas 22
Cada tarde 24
Rubia sombra 26
Nace Eros 27
Fecundidad 29
El amor de prisa 31
Meteoros del mal 33
Pértiga y carroza 35
Y te pregunto si me amas 37
Anden de los sueños 40
Esta hermosura 41
Una sinfonía 43
Cuando estás en el aire 45
Tus manos 47
Silbo de los sueños 49
Heridas y derrotas 51
Alumbrando penumbras 53
Alas de pasión 55
Retazos 57

Juan Carlos Luis Rojas

Serenata en el ocaso..59
Ritualarte..60
Alas de amor..61
Oscuro abismo...63
Sombra trashumante...65
Propiedad...66
Canto del amante..67
La tarde cómplice..70
El gozo de verte...72
Vino y miel...74
Lo imposible..76
Septiembre...78
Luz posesiva..81
Alcobas recónditas..83
Qué soñará el amor...85
No hay adiós..86
Simple..88
Senda de esperanza..91
Recordándote..93
Amiga mía..94
Cuando te vas..96
Cintura de guitarra..98
Ritos y misterios..100
A mares..101
Tu amor..103
Instinto de la flor...104
Musical...106
Esperándote...109
Cuando pimpolleabas en el aire..........................111
Es cierto...114
Quería ser poeta..116
Fluir..118
Deriva...120

Juan Carlos Luis Rojas

Noche rendida..122
Nuevas estrellas..123

Editado el 20 de febrero 2021
Todos los derechos reservados
Autor: Juan Carlos Luis Rojas
jclrojas@yahoo.com.ar

Juan Carlos Luis Rojas

Made in the USA
Columbia, SC
21 March 2025

55320323R00075